AF476776

DE LA RÈGENCE,

PAR

PIERRE DAVID,

DÉPUTÉ DU CALVADOS.

PARIS,

IMPRIMERIE D'AD. MOESSARD ET JOUSSET,

RUE FURSTEMBERG, N° 8.

1842.

PIERRE DAVID

à ses Commettants.

Messieurs,

Je vous ai promis de faire revivre, autant qu'il serait en moi, les principes et les opinions qui triomphèrent de 89 en 91, et qu'on a trop oubliés. L'occasion s'en est présentée dès mes premiers pas dans la mission que vous m'avez confiée. Une loi sur la Régence fut provoquée par un père encore dans les larmes, par un roi qui avait la fermeté de prévoir la fin de son règne avant la majorité de son héritier. Les acclamations des deux Chambres réunies lui promirent cette consolidation de sa dynastie : c'était en même temps une prévoyance nationale, pour prévenir des prétentions inquiétantes ou un interrègne dangereux. Quelques jours après cette grande scène d'attendrissement mutuel et d'harmonie de famille, le ministère apporta un projet de loi dont la concision stérile et l'insuffisance évidente étonnèrent les esprits le mieux disposés.

Ce projet fut renvoyé à l'examen des bureaux de la Chambre. Le 8e, dont je fais partie, avait dans son sein des membres depuis longtemps distingués par leurs lumières et leur éloquence, MM. Dupin, de Lamartine, Odilon-Barrot, Martin (du Nord), ministre de la justice, et tant d'autres qu'il serait trop long de nommer. La réunion des bureaux eut lieu le 11 août, et j'obtins la parole. Je vais mettre tout à l'heure sous vos yeux le discours que je prononçai. Approuvé par les uns, combattu par les autres, je vis tout de suite qu'il me faudrait développer à la tribune des idées que j'avais dû reserrer pour une discussion préparatoire. Je le fis, et je m'inscrivis, le 18 de ce mois, pour avoir la parole. J'étais le neuvième contre le projet; il n'y en avait que deux pour le soutenir. Je ne sais par quelle tactique, dont j'ignore encore la science, mon nom fut écarté pour faire place à d'autres orateurs qui n'étaient pas sur ces listes que j'avais lues attentivement. M. Joly, après lequel je devais parler, ne fut pas appelé plus que moi à la tribune; mais j'y vis monter, à mon grand étonnement, plusieurs orateurs qui sans doute n'ont pas besoin de ces vaines formalités pour jouir de la parole quand il leur plaît. Ils se succédaient rapidement. Je ne voulus point les interrompre pour réclamer mon tour: j'aurais eu peur de jeter un incident ridicule au milieu d'une discussion si grave. Deux jours se passèrent ainsi : la discussion fut fermée le troisième; et je vis par là que la Chambre aussi avait son état-major et ses privilégiés.

Ce discours, qu'on ne m'a point permis de prononcer, je vous l'adresse, mes chers compatriotes, pour vous prouver du moins que je voulais remplir mes devoirs et vos espérances dans toute leur étendue.

Voici d'abord le projet de loi tel qu'il fut présenté par le maréchal Soult, le 9 août :

PROJET DE LOI

PRÉSENTÉ PAR LE GOUVERNEMENT.

ARTICLE PREMIER.

Le Roi est majeur à l'âge de dix-huit ans accomplis.

ART. 2.

A l'instant de la mort du Roi, et lorsque son successeur est mineur, le prince le plus proche du trône dans l'ordre de succession établi par la Charte de 1830, et âgé de vingt-un ans accomplis, est investi de la régence pour toute la durée de la minorité.

ART. 3.

Le plein et entier exercice de l'autorité royale, au nom du Roi mineur, appartient au Régent.

ART. 4.

L'art. 12 de la Charte et toutes les dispositions législatives qui protégent la personne et les droits constitutionnels du Roi sont applicables au Régent.

ART. 5.

Le Régent prête devant les Chambres le serment d'être fidèle au Roi des Français, d'obéir à la Charte constitutionnelle et aux lois du royaume, et d'agir en toutes choses dans la seule vue de l'intérêt, du bonheur et de la gloire du peuple français.

Si les Chambres ne sont pas réunies, le Régent les convoque dans le délai de trois mois.

ART. 6.

La garde et la tutelle du Roi mineur appartiennent à la Reine ou Princesse sa mère, non remariée, et, à son défaut, à la Reine ou Princesse son aïeule paternelle, également non remariée.

OPINION

DE PIERRE DAVID

SUR

Ce premier Projet de Loi, telle qu'elle fut prononcée dans le 8e bureau, composé ce jour-là de 46 Députés.

MESSIEURS,

Permettez à un contemporain de l'assemblée constituante de professer ici quelques-unes des doctrines de cette grande assemblée, mais telles que le temps a dû les modifier.

Lorsque la question de la Régence y fut élevée, Mirabeau, cette haute intelligence qui allait s'éteindre, avoua qu'il n'y était pas préparé. Néanmoins, le sublime instinct du génie sembla lui suggérer une dernière inspiration libérale : il repoussa l'hérédité dans une fonction accidentelle, et proposa l'élection du plus digne ; mais il la proposa d'une voix mourante, et, cinq jours après, le grand orateur n'était plus.

Barnave aurait adopté cette idée en 90, il la rejeta en 91; et vous savez pourquoi : Barnave, ayant voulu réconcilier le trône avec la représentation nationale, avait entrepris une révision des anciens décrets : tous les droits nationaux, déjà fixés, y furent affaiblis, ou du moins modifiés. Cette révision devint la constitution de 91, qui, grâce à ces modifications, fut acceptée par le Roi. Barnave et ses amis y perdirent leur popularité, la constitution l'assentiment complet de la France, et la Constituante une partie de la reconnaissance qu'elle avait méritée.

Souffrez, Messieurs, que je reprenne ici l'opinion de l'orateur mourant, et qu'en l'appliquant au projet qui vous est présenté, j'essaie de l'appuyer sur des arguments tirés de nos propres circonstances.

Le projet de loi sur la Régence me paraît incomplet, puisqu'il ne détermine ni l'état du Roi mineur, ni celui de sa mère, ni le mode de l'éducation du prince, ni le degré d'influence de la tutrice sur cette éducation, ni le partage de la liste civile entre le Roi et son suppléant, ni la différence des honneurs à leur rendre.

Ce projet est dangereux en ce qu'il investit le Régent de toute la majesté royale et de toutes les prérogatives du trône sans exception, comme sans garanties contre l'abus qu'il en pourrait faire.

Il est peu dans l'esprit de nos institutions, car, excepté le serment prêté devant les Chambres, il ne les fait participer en rien au grand changement qui s'opère dans l'État à l'occasion de la Régence.

Je vais examiner rapidement ces trois imperfections du projet qui nous est présenté.

Il est incomplet. Je viens déjà de vous dire sommairement tout ce qui lui manque pour présenter l'ensemble d'une loi prévoyante et d'un bon règlement sur la position, les revenus, l'éducation, la sûreté de l'enfant-roi et de sa mère. On a publié depuis peu de jours une analyse des constitutions de Bavière et de Wurtemberg, où l'on peut admirer sur la Régence les sages précautions de la nation allemande. Vous avez tous lu ces écrits : je ne les répéterai pas. Je me bornerai à inviter les rédacteurs de la loi à y puiser quelques dispositions pleines de prudence.

Le projet est dangereux, parce qu'il investit de la Régence le parent le plus suspect de porter envie à à la destinée de l'enfant-roi. Qui nous répond que le cœur le plus pur, en arrivant à cette royauté temporaire, ne se laisse pas séduire par le désir de la rendre perpétuelle? Une fois qu'on a bu dans cette coupe enivrante, on meurt, dit-on, si elle s'éloigne de nous; mille exemples en font foi dans l'histoire. Je vous en prie donc, législateurs, au nom de la pureté de cœur de nos princes, au nom de leur gloire future, ne les mettez point en contact avec des idées qui furent de tout temps ou des objets de tentation funeste ou des prétextes de calomnies odieuses. J'en atteste l'aimable et noble suppléant de Louis XV : l'ombre de La Grange-Chancel suit encore la sienne, les *Philippiques* à la main!

Aurons-nous toujours un Régent de ce caractère? Qui peut répondre des variétés infinies que la nature se plaît à produire dans les mêmes familles? Ne tentons point le hasard, ne défions pas la Divinité! Elle nous punit quelquefois de nos présomptions rassurantes. Sommes-nous bien sûrs que le type des Glocester soit brisé pour jamais?

Je vous en prie, Messieurs, ne pensez pas qu'il soit dans mon intention de faire aucune application odieuse. Mais souvenons-nous de ce fils de Médicis qui rivalisait Ronsard par la grâce de l'esprit. Son modèle chez les Romains ne commença-t-il pas, comme lui, par être le plus aimable des jeunes princes et le plus soumis à sa mère? Je crains ces gracieux et faibles caractères dont le naturel facile ne conçoit pas le crime, mais en reçoit l'influence, aussi bien qu'une pâte de roses reçoit, chez les Orientaux, l'activité des poisons.

Permettez-moi un mot, Messieurs, sur ce pays où j'ai vu tant de révolutions. Je sais combien il diffère du nôtre; mais le cœur de l'homme diffère moins que les climats et les institutions. Ainsi le meilleur des sultans, Selim III, qui était descendu presque volontairement du trône, fut immolé par un neveu qu'il avait élevé comme son fils. Ce barbare jeune homme fut à son tour mis à mort par ordre de son frère ; et vous savez que ce n'était point la première fois que cette famille d'empereurs sa dévorait.

Grâce à la civilisation croissante, nous n'en sommes plus à ces révolutions de palais, comme au moyen âge. Toutefois ne vous fiez point à la faiblesse humaine, qui devient sitôt perversité quand l'ambition endurcit le cœur de l'homme et change *en un plomb vil l'or pur* des premières vertus.

Ne méprisons point les leçons de l'expérience! Et si, dans l'ordre civil, la plupart des oncles tuteurs ont peine à rendre compte de leur administration, qu'est-ce donc, dans l'ordre politique, quand le pupille est un roi et l'héritage un empire!

Voulez-vous être conservateurs de l'enfant-roi et de la monarchie constitutionnelle? Que le Régent ne soit pas entièrement roi lui-même, qu'il ne puisse commander les armées en personne, ni même déclarer la guerre sans l'assentiment des Chambres ; que, durant l'intérim royal, aucun traité de paix ne soit exécutoire avant la ratification de la représentation nationale, afin qu'on ne soumette point la France à des conditions onéreuses ou humiliantes sans nécessité. — N'a-t-il pas, me dira-t-on, des ministres responsables ? — Oui, sans doute; mais qu'est-ce que cette responsabilité, qui n'est encore ni définie ni réglée, et qu'aujourd'hui même on ne pourrait exercer, le cas échéant? un fantôme que tout le monde appelle et qui ne répond à personne. — Eh bien ! ajoutera-t-on , le Régent ne sera-t-il pas entouré des Chambres ? Celle des députés votera-t-elle les impôts nécessaires à ses projets ? — Eh ! Messieurs, ne m'obligez pas à me souvenir du 18 brumaire ! Si un homme qui n'avait d'autre titre que la gloire a bien osé dissoudre sous nos yeux le corps législatif pour le transformer en conseil de muets et pour s'emparer de la souveraineté, qui nous assure qu'un Régent ambitieux , après avoir flatté l'armée, n'en fera pas autant ? — Vous oubliez, m'objectera-t-on, qu'il sera de la famille royale. — Raison de plus, scrupule de moins. — Il respectera les droits de son propre sang. — Et moi je vous dis qu'il croira mieux les affermir en substituant un homme à un enfant.

Si cet usurpateur devient un tyran, quelle sera la position de l'enfant-roi et de sa mère ? Quel est celui d'entre nous, pères de famille, qui voudrait voir son fils sous cette épée de Damoclès ? Donnez, donnez des garanties à ces êtres si faibles par eux-mêmes, si intéressants par leurs périls, si importants pour le repos et la liberté de la patrie !

Vous confiez au Régent la royauté tout entière ! En avez-vous le droit ? La France a fait une fois cette grande délégation d'une partie de la souveraineté : le peut-elle une seconde ? Peut-on prendre, peut-on prêter, peut-on restituer un sceptre comme un instrument de travail ? Il y a de ces biens qu'on ne prête jamais sans danger de les perdre : la royauté est de ce nombre. Elle est l'unité politique. Elle est comme l'unité mathématique : elle n'admet point de partage ; elle ne se délègue pas deux fois. Si elle repose sur une tête, elle ne peut passer sur une autre sans dépouiller, sans rabaisser la première.

— Nous ne la déplaçons pas, dit-on : nous transférons seulement ses attributs à un autre. — Imprudents ! vous dépouillez le saint de son auréole, vous lui enlevez le pouvoir des miracles, et vous prétendez qu'on l'adore ! Connaissez donc mieux les hommes : ils ne vénèrent que la puissance du bien, et ne craignent que la puissance du mal.

La royauté n'est jamais éteinte, le Roi n'est jamais absent; *le Roi est mort, vive le Roi !* disaient nos ancêtres. Quel fonctionnaire, si élevé qu'il soit, oserait, en présence de cette puissance immédiatement transmissible, s'investir de tous ses honneurs, de tous ses attributs? Ne serait-ce pas là l'usurpation la plus flagrante, le mépris le plus révoltant de la délégation unique que la France a faite? — Non, va-t-on me répondre, puisqu'il y serait autorisé par une loi. — C'est précisément cette loi, qui déplace tout un pouvoir constitutionnel, que je vous conteste la faculté de prononcer.

Un Régent est le lieutenant-général du pays. Il ne peut ni s'asseoir sur le trône, ni en affecter l'éclat et la majesté. Il est au second rang, il remplit une partie des fonctions de la royauté, celles du pouvoir exécutif et d'une partie du pouvoir de faire des lois; mais il n'en a pas la plénitude; sans quoi il serait roi par le fait; et prenez garde à la proximité du fait et du droit !

La royauté peut avoir un suppléant, une reine Blanche, un abbé Suger : elle n'a point de remplaçant. Le gouverneur suprême d'un empire, en l'absence du Roi, ne saurait être que son lieutenant, et ne peut être investi de toute la majesté, je dirai même la sainteté du caractère royal. La royauté est la grande exception de l'espèce humaine : elle ne doit avoir rien d'égal, ou bien elle est avilie et perdue. Il faut que, le jour où la Régence finit, où la

Royauté reparaît, il faut, dis-je, qu'il y ait une fête, comme chez ces anciens peuples qui célébraient le solstice, où le soleil remonte. L'homme consacré a saisi ses droits et va se donner à la patrie, dont il est à la fois le pontife et la victime.

Pardonnez-moi, Messieurs, ces idées d'un autre temps. Je sens comme vous qu'elles s'appliquent peu à cette époque trop dépourvue d'enthousiasme et de poésie dans ses mœurs; mais enfin, ces souvenirs m'aident à rendre ma pensée.

J'ai dit que le projet de loi *était peu dans l'esprit de nos institutions*. La Charte fait intervenir la puissance nationale partout : ce projet ne l'appelle nulle part, sinon pour recevoir un serment. Est-ce assez, Messieurs, dans un gouvernement représentatif? Eh quoi! toute la sommité de ce gouvernement change, et les bases ne s'en émeuveut pas! Songez donc que la Royauté, qui vient de s'éclipser et qui se trouve immédiatement transformée en Régence, est le ressort principal de la grande machine gouvernementale. Ce nouveau ressort, d'une autre nature, ne la dérangera-t-il pas? La Royauté est pour la France ce que l'axe de la terre est pour le globe : sa rotation régulière, éternelle entretient son mouvement et sa vie sans troubler sa surface. Il n'en est pas de même d'un pouvoir passager, qui se hâte d'agir et de jouir, qui peut-être même se hâte d'éloigner le retour de la Royauté pour avoir le temps de l'usurper lui-même. Pourquoi donc abandonnerions-nous ce pouvoir nouveau à ses velléités secrètes? N'est-ce pas au contraire le moment de la surveillance, de la rigidité et du courage civil?

Vous laissez à cette autorité nouvelle le soin de vous convoquer dans les trois mois. Et s'il ne lui plaît pas de le faire, si elle a miné elle-même votre influence, que ferez-vous pour y suppléer et pour sauver les droits nationaux? Le souvenir de l'Empire est toujours là pour moi.

Si donc le Régent, qui est comme vous une création de la loi, se refuse à vous convoquer, quel sera votre moyen de coërcition? Vous n'avez pas, comme aux États-Unis, un comité permanent qui puisse vous appeler. Ne laissez donc point si longtemps le champ libre à l'orgueil et à l'ambition; ne leur laissez point le loisir de vous écarter à jamais de votre auguste mission. Il faut qu'à la première nouvelle de la mort du Roi, les Chambres soient convoquées de droit et obligées de se réunir; il faut qu'elles président à l'installation du Régent, ou du nouveau Roi s'il est majeur, et qu'elles reçoivent son serment, non au bout de trois mois, c'est-à-dire quand il pourrait n'être plus temps de l'y obliger, mais au bout de quelques jours, et quand il n'a pas encore eu le loisir de céder à de mauvais conseils.

Vous voulez introduire l'hérédité dans un accident de la monarchie, et vous croyez par là prévenir les troubles des anciennes minorités. Il me semble, à moi, que vous ne faites que les préparer, les hâter, les rendre irremédiables. Cette idée d'une Régence, à titre de primogéniture, me rappelle les doctrines de la monarchie absolue. Permettez-moi de professer celles de la monarchie tempérée. On nous parle souvent des prérogatives royales : parlons aussi des prérogatives nationales. On ne devrait jamais les séparer, car elles se prêtent une force mutuelle, un réciproque appui. La première de ces prérogatives a été de choisir un Roi, la deuxième est de choisir celui qui doit gouverner le pays durant les minorités et autres accidents de la vie du monarque.

Je suis donc d'un avis contraire à l'hérédité de la

Régence. Je veux que la Régence reste, autant que possible, dans la famille royale, mais qu'elle y soit choisie par des électeurs tirés des grands corps de l'État ou par ces corps eux-mêmes. N'en faites point un droit, mais un mandat auguste donné par la nation au plus digne et au plus capable.

Le Roi peut vivre encore vingt ans, et Dieu le fasse! Combien de torts et de vertus peuvent éclater durant ce long espace de temps! Que de jeunes plants se couvriront de fruits! que d'autres deviendront stériles! Attendez donc leur maturité pour juger ceux qui méritent vos préférences. Donnez un caractère national à tous vos actes, à toutes vos institutions. Greffez de plus en plus la royauté constitutionnelle sur le peuple si vous voulez qu'elle se fortifie d'une inépuisable sève. Le peuple est comme le Liban : lui seul nourrit des cèdres, qui comptent les siècles comme nos arbrisseaux les années.

C'est par dévouement pour cette famille royale, c'est parce que j'attends d'elle le bonheur de mon pays que je vous supplie, Messieurs, de la rendre de plus en plus populaire, et de ne point l'isoler de l'opinion, comme en furent isolés la plupart de nos anciens rois

Je conclus au principe de l'élection et au développement de la loi.

Après la discussion dans les bureaux, le projet de loi fut renvoyé à une commission de neuf membres, chargée d'y faire les amendements qu'elle jugerait convenables et d'en présenter la nouvelle rédaction à la Chambre.

Le rapport de cette commission fut fait, le 16, par M. Dupin : il n'offrit que les légers amendements qu'on va lire en caractères italiques. La question fondamentale restait entière, et je me décidai à soutenir mon opposition. Voici ce projet de loi tel qu'il fut amendé.

PROJET DE LOI

AMENDÉ PAR LA COMMISSION.

Article premier.

Le Roi est majeur à l'âge de dix-huit ans accomplis.

Art. 2.

Lorsque le Roi est mineur, le prince le plus proche du trône, dans l'ordre de succession établi *par la Déclaration* et la Charte de 1830, âgé de vingt-un ans accomplis, est investi de la Régence pour toute la durée de la minorité.

Art. 3.

Le plein et entier exercice de l'autorité royale, au nom du Roi mineur, appartient au Régent.

Il en est saisi à l'instant même de l'avénement.

Art. 4.

L'art. 12 de la Charte et toutes les dispositions législatives qui protégent la personne et les droits constitutionnels du Roi sont applicables au Régent.

Art. 5.

Le Régent prête devant les Chambres le serment d'être fidèle au Roi des Français, d'obéir à la Charte constitutionnelle et aux lois du royaume, et d'agir en toutes choses dans la seule vue de l'intérêt, du bonheur et de la gloire du peuple français.

Si les Chambres ne sont pas assemblées, le Régent fera publier immédiatement et insérer au Bulletin des Lois *une proclamation dans laquelle seront exprimés ce serment et la promesse de le réitérer aussitôt que les Chambres seront réunies.*

Elles devront, dans tous les cas, être convoquées, au plus tard, dans le délai de quarante jours.

Art. 6.

La garde et la tutelle du Roi mineur appartiennent à la Reine ou Princesse sa mère, non remariée, et, à son défaut, à la Reine ou Princesse son aïeule paternelle, également non remariée.

Voici maintenant les développements que je me proposais de porter à la tribune contre ce projet :

Messieurs,

Il y a cinquante-un ans que j'assistai à la discussion de la Régence dans l'assemblée constituante. Elle vient de se rouvrir devant vous, et je vous apporte, après ce long intervalle, une opinion qui n'était alors que le vœu patriotique d'un jeune homme, et qui est aujourd'hui la conviction d'un vieillard.

Si je viens de si loin dans le passé, trouvez bon, Messieurs, que je me transporte plus loin encore dans l'avenir pour prévenir toute allusion aux circonstances présentes et aux personnages actuels. Je voudrais parler de cette loi comme on en parlera dans un demi-siècle. C'est ainsi que votre sagesse veut la faire, en écartant les influences de vos propres émotions ; c'est ainsi que je vais l'examiner.

Vous connaissez les opinions des deux esprits les plus éminents de l'assemblée constituante, Mirabeau et l'abbé Maury. Ce fut, je crois, la première fois qu'ils furent d'accord, et que le célèbre abbé obtint les applaudissements du côté gauche.

La presse vous a mis tous ces vieux documents sous les yeux. Je n'y reviendrai plus ; je ne rappellerai que le principe que soutinrent à la fois ces deux célèbres rivaux, et que j'emprunte moi-même à ces grands orateurs, dont j'entendis la voix. Ce principe est l'élection appliquée à la Régence. Je sais qu'un vigoureux athlète a combattu le système que j'ose reproduire : vous aurez égard, Messieurs, à la différence des moyens et de l'âge. La tribune a aussi ses Entelle. J'ose donc soutenir contre mon illustre adversaire le système électif.

Ce système n'enlève point la Régence à la famille royale ; au contraire, il l'y concentre tant qu'elle a des princes éligibles. Seulement, il a pour objet de faire choisir le plus digne et le plus capable, par des électeurs tirés des grands corps de l'État, ou par ces corps eux-mêmes. Ainsi, la Régence ne sort point de la dynastie ; mais elle n'est plus *le droit* d'un de ses membres : elle est un mandat suprême donné à l'un d'eux, au nom de la nation, par ceux qui la représentent ; ce n'est point la royauté sous un autre nom, c'est l'intérim de la royauté ; c'est son action, ce n'est point son image. Il ne peut y avoir deux puissances égales et similaires dans un Etat. Si le droit de régir ressemblait au droit de régner, si on en était saisi comme d'un héritage, ces deux droits seraient bientôt confondus, et le premier occupant pourrait se croire autorisé, surtout s'il avait la faveur publique, à ne rien céder au titulaire, le jour qu'il faudrait lui céder tout. Evitons ces dangers en n'y donnant point de prétexte.

Je sais qu'au dehors, on accuse les partisans de ce système de vouloir accoutumer nos esprits à la royauté élective, et même à l'élection d'un président ou d'un premier consul. Ces soupçons contre moi seraient des calomnies. J'ai prêté serment au Roi héréditaire et à la Charte constitutionnelle; je l'ai prêté en honnête homme, bien décidé à le tenir. Ce n'est pas à mon âge qu'on joue sa réputation d'homme loyal pour acquérir des distinctions d'un jour, bonnes tout au plus à décorer un char funèbre.

Je ne répéterai pas des arguments déjà redits à satiété : j'y ajouterai seulement que notre gouvernement ne peut être fort de toute la puissance nationale qu'en demeurant fidèle à son principe; je dirai qu'en se déplaçant de sa base, même légèrement, il perd de sa solidité, et que ce travail sous-œuvre peut faire écrouler l'édifice. Prenez garde, Messieurs, à ces ouvriers imprudents qui le commencent sans avoir bien étayé l'œuvre supérieure. Ils seraient écrasés les premiers sous les décombres, il est vrai, mais ils nous entraîneraient dans leur ruine. Le comité de révision de la Constituante fit cette faute, et vous savez ce qui arriva : la nation fut d'abord tranquillement mécontente; un an plus tard, il n'y avait plus ni constitution revisée, ni trône, ni ordre public, ni liberté. Ne remontons pas si loin dans notre histoire. Un prince imprudent voulut rétrécir la base élective de la Charte, le 26 juillet : le 29 la Charte triomphait, et la base élective fut élargie.

Qui oserait tenter une troisième expérience?

Évitons les fausses apparences. Les peuples libres sont jaloux. Le gouvernement semblerait peut-être perdre de sa sincérité si, répudiant les formes électives là où elles pourraient être admises, il y substituait le principe d'hérédité, qui n'est réservé dans nos institutions que pour la Royauté seule ; réserve sage, savante combinaison qui distingue ce pouvoir de tout ce qui change autour de nous, et lui donne le caractère de perpétuité dans la durée comme il a celui de providence dans son action. Mais, hors ce pouvoir unique, Messieurs, tout a été fait, en 89 et en 1830, pour substituer le système électif au droit de naissance. Ce système n'est autre chose que l'application du grand axiome de l'égalité des droits, tempérée par le choix du plus digne ; cet axiome est la base fondamentale de toutes nos constitutions. Pourquoi donc écarter la dynastie du principe qui l'a placée sur le trône? Je lui dirai, moi, parce que je l'honore et que je désire sa conservation sa force et sa gloire, je lui dirai que le système du choix national pour la Régence détourne d'elle une écrasante responsabilité morale.

Un Régent héréditaire n'aura pour lui que le hasard de sa primogéniture, sans inspirer la religion de la royauté, sans les serments qui lui sont faits. S'il gouverne mal et qu'un frère puîné montre plus d'intelligence, les scrupules se tairont aisément devant l'intérêt public. Vous aurez beau rassembler des bataillons autour de son palais : ces bataillons, comme ceux de Charles X, ne seront que des moyens de guerre civile et non pas de puissance. La vraie puissance est dans l'assentiment de la nation ; elle est dans le cœur des peuples, et passe de là dans leurs bras. Si Napoléon ne l'avait pas perdu, cet assentiment, par des actes additionnels qui trompèrent aussi nos espérances, peut être, glorieux vieillard, régnerait-il encore. Homme de 89, je ne regrette pas la dictature impériale, j'aime mieux cent fois le gouvernement actuel ; mais, de grâce, ne l'exposons pas à perdre cette puissance que je viens de nommer, et la seule qui crée et sauve les rois !

Rappelons-nous, Messieurs, notre histoire : vous savez comment se conduisirent les oncles de Charles VI durant la minorité et durant la démence de cet infortuné monarque ; vous savez que leurs guerres intestines et leurs assassinats les éloignèrent tour à tour du gouvernement, et que notre malheureux pays, traîné de régence en régence, tomba enfin sous celle du roi d'Angleterre ; vous savez enfin que le fils de Charles-le-Sage porta l'égarement jusqu'à donner son royaume à cet ennemi de la France, au détriment de son propre fils. A Dieu ne plaise que je fasse aucun parallèle injurieux entre les mœurs demi-barbares du XIVe siècle et les mœurs adoucies de notre époque ! Je n'ai rappelé ce trait de notre histoire que pour appuyer mon assertion que les droits du sang ne suffisent pas pour être digne de la Régence, et que le choix des grands corps de l'État donnerait une plus sûre garantie de bon gouvernement.

Un Régent élu, s'il gouverne faiblement, sera plus longtemps supporté, car les hommes tiennent à leur choix et sont disposés à excuser leur créature ; ils se résignent du moins quand ils souffrent par leur propre faute. Au contraire, un Régent que le hasard aurait donné à la France, s'il rendait le pays malheureux, ferait bouillonner l'impatience des peuples, et verrait s'élever des factions où l'on apercevrait peut-être la main de l'étranger. Les Sixte-Quint et les Philippe II n'ont pas emporté leur politique dans la tombe.

Sauvez la dynastie en écartant d'elle les irritations qu'excite un mauvais gouvernement ! sauvez la France en ôtant aux ennemis de cette dynastie des occasions de troubles civils et d'intervention étrangère !

Reportez toute la responsabilité morale de nos malheurs à venir sur le choix même des grands corps de l'État. La nation, si elle éprouve des adversités, ne pourra s'en prendre qu'à elle-même et à ses organes. Au lieu de s'irriter, d'accuser, d'attaquer peut-être, elle aura de la patience, du courage, et la France sera sauvée sans convulsion.

Lorsque l'illustre maréchal qui préside au conseil de la Couronne nous a dit à cette tribune que nous étions appelés à *témoigner par nos actes de notre fidélité aux principes tutélaires de la monarchie constitutionnelle*, nous avons dû penser qu'il nous invitait à élever cette discussion vers ces régions supérieures de l'intelligence où les principes se conservent inaltérables. Eh bien! qu'y avons-nous trouvé pour principe de la monarchie constitutionnelle? L'unité, la perpétuité du pouvoir royal, mais à côté de ce pouvoir, pour le tempérer, la mobilité de tous les autres pouvoirs, soit par l'élection, soit par l'extinction des titulaires. C'est, comme dans le système du monde, l'éternelle mobilité autour de la fixité éternelle. Cette ressemblance, Messieurs, est précisément ce qui rend notre institution monarchique plus sublime, et ce qu'il faut le moins altérer par des lois de circonstance.

Si vous adoptiez l'élection, il serait facile de réglementer ce principe.

Vos candidats seraient exclusivement dans la famille royale, y compris la mère du Roi, vos électeurs dans les deux Chambres.

Les Chambres, si elles trouvaient de l'inconvénient à se réunir en un seul corps comme à l'ouverture des sessions, pourraient choisir dans leur sein un certain nombre de grands électeurs. Je ne vous proposerais point d'imiter le conclave; mais, au lieu d'isoler vos grands électeurs comme on isole les cardinaux pour l'élection du pape, je vous proposerais de les rassembler comme un jury, et, pour empêcher tout retard et toute influence du dehors, de les retenir dans la chambre de leurs délibérations jusqu'à ce qu'ils se fussent accordés sur le choix.

Je passe à la deuxième question, celle de savoir si l'on investira le Régent de tous les attributs de l'autorité royale.

L'article 3 délègue au Régent le plein et entier exercice de cette autorité. L'article suivant ajoute que l'article 12 de la Charte est applicable au Régent, c'est-à-dire que sa personne est inviolable et sacrée, et qu'à lui seul appartient la puissance exécutive.

Le projet passe sous silence le reste du chapitre de la Charte intitulé : *Formes du gouvernement du Roi;* mais il est logiquement sous-entendu que l'article 13 et l'article 18, qui comprennent tous les attributs de la prérogative royale, seront également applicables au Régent.

C'est contre ces délégations exorbitantes que je vous prie, Messieurs, de me permettre quelques objections.

Vous le savez, les plus grands publicistes n'admettent point dans un État deux pouvoirs égaux, ayant les mêmes attributions, une semblable prérogative, et pouvant être en état de collision incessante. On me dira que, dans le cas qui nous occupe, il n'y a qu'un pouvoir réel, agissant, reconnu, et que l'autre est en état d'incapacité et demeure comme endormi jusqu'à une époque fixée. Malgré cette fiction légale, Messieurs, je pense qu'il ne peut y avoir d'assimilation complète entre un roi et son représentant. Que diriez-vous d'un vice-roi, d'un lieutenant-général du royaume, d'un gouverneur de grande colonie qui prétendrait aux droits et aux honneurs régaliens? Vous le regarderiez comme un homme dont l'orgueil aurait dérangé l'esprit ou comme un usurpateur. Eh bien, montez quelques degrés de plus, arrivez au plus élevé des mandataires, et dites-moi si vous ne penseriez pas la même chose d'un Régent qui ferait complétement le roi à côté du Roi.

Ce Roi, d'abord enfant, puis adolescent, ne croît-il pas chaque année, ainsi que son intelligence et ses passions? Représentons-nous, Messieurs, ce que serait un roi de dix-sept ans, fougueux et mal conseillé, auprès d'un régent qui affecterait tous les droits, tous les pouvoirs, tout l'éclat qui appartiennent au trône. Ne voyez-vous pas d'ici l'impatience de l'un et les soupçons de l'autre, l'indignation de la jeunesse royale et les angoisses de la puissance à l'agonie? Ah! sauvez à deux parents si rapprochés le parricide de cet effroyable combat, où toutes les mauvaises passions s'exaltent et peuvent se déchirer! La cour expirante et la cour naissante ne formeraient-elles pas deux camps pour offrir des armes aux adversaires? et la nation, témoin et sans doute victime de cette agitation, pourrait-elle y rester indifférente? Pendant l'éruption des volcans, la terre tremble autour d'eux, et il suffit de parcourir l'histoire pour apprendre que la guerre à la cour fut toujours suivie de la guerre civile.

Pour empêcher de semblables collisions, qu'importe, dira-t-on, que le Régent soit électif ou héréditaire? — Il importe si bien que, si le Régent est héréditaire, le jeune Roi n'offense qu'un prince de sa famille, et n'est point retenu par une si faible considération; mais, si le Régent est électif, le jeune Roi sait qu'il offense en même temps les grands corps de l'État qui ont élu ce Régent, et cette idée ne peut-elle pas le retenir ?

Soyons donc plus prévoyants : maintenons la Régence dans une infériorité d'éclat et de pouvoir qui ne puisse faire naître la jalousie de la Royauté.

Tous les exemples sont pour cette opinion. Si nous faisions autrement, nous serions peut-être la seule nation au monde qui n'aurait admis aucune nuance entre un monarque et son intérimaire.

Dans quelles circonstances la Régence pourrait-elle, sans inconvénient, égaler la Royauté ?

C'est quand un roi s'éloigne, comme saint Louis, et laisse à sa mère le soin de son royaume. Mais quand ce même roi, partant pour sa seconde croisade, emmena son fils et laissa deux régents, l'abbé de Saint-Denis et le comte de Néelle, pense-t-on qu'il les ait investis de tous les attributs de la Royauté ?

Une seconde circonstance dans laquelle cela se peut faire sans inconvénient, c'est quand le Roi est prisonnier, comme Jean II, et que son fils est appelé à la Régence, comme le fut celui qui devint Charles-le-Sage. Ce prince, appelé à la lieutenance du Roi par les états-généraux, affectait si peu la royauté pendant sa régence, qu'il ne se croyait pas en droit de tirer de prison un homme que son père y avait mis.

La troisième circonstance où la Régence peut, sans inconvénient, s'assimiler à la Royauté, c'est quand le Roi s'éloigne momentanément du royaume, comme fit, de nos jours, Ferdinand Ier, roi de Naples, et qu'il laisse la Régence à son héritier présomptif. Vous vous souviendrez tous, Messieurs, de ce dernier trait historique. Il y a, je crois, vingt ans, que le père de notre auguste et vénérée Reine fut obligé de se rendre en Autriche, et laissa à son fils aîné, qui fut depuis le roi François Ier, le soin de gouverner les Deux-Siciles : il ordonna qu'on lui obéît comme à un autre lui-même, il l'appela du nom d'*Alter ego*. Nous concevons, Messieurs, qu'un père donne ce titre à son fils ; mais qui pourra jamais concevoir qu'un neveu le donne à son oncle? Cette identité morale ne remonte pas plus que les générations.

Hors ces exemples, Messieurs, il y a danger à investir un Régent de toutes les prérogatives, je dirai même de toute la majesté de la Couronne ; plus la Régence aura de pouvoir et d'éclat, moins elle sera facile à résigner. Ne tentons point le cœur humain : le plus pur peut se corrompre dans cette carrière semée de tant de prestiges et de séductions ; le plus ferme peut faiblir au moment du sacrifice qu'il faut consommer en la terminant.

Il est plus sûr de prévenir que d'arrêter : opposez donc d'avance des barrières à l'orgueil, à la jalousie, à l'ambition. N'armez point des mêmes armes deux athlètes égaux, car tôt ou tard vous auriez un combat ; ne laissez pas naître les prétentions exagérées, les rivalités haineuses. Tout cela peut se faire par une disposition législative qui consacrera la différence qu'il y a entre un roi et son suppléant.

Je propose donc de placer à la suite de l'article 3 du projet les dispositions suivantes :

« Le Régent ne pourra déclarer la guerre sans le consentement des deux Chambres.

» Il ne pourra commander les armées en personne.

» Il ne pourra ratifier aucun traité de paix, d'alliance, de commerce, d'échange de territoire ou de subsides, sans l'avoir soumis préalablement à l'approbation des deux Chambres.

» Cette faculté provisoire des Chambres sera réglée par une loi ultérieure, et cessera de droit à la majorité du Roi. »

Est-il besoin d'expliquer ces articles? est-il besoin de vous rappeler que c'est à la suite d'une victoire qu'on peut le plus aisément détrôner les rois mineurs ou dépouiller les nations de leurs droits? Ce fut en revenant de Marengo que le premier consul abolit le tribunat; ce fut à son retour d'Austerlitz qu'il se déclara le seul réprésentant du peuple.

La marche que quelques conseillers imprudents voudraient faire prendre aujourd'hui à la Royauté constitutionnelle, la Royauté du moyen âge l'a suivie autrefois. Vous le savez, Messieurs, elle ne s'est élevée si haut que pas à pas, et n'est arrivée au pouvoir absolu que sous Louis XIV. Mais avait-elle affaire, en cheminant ainsi, à un peuple éclairé, nombreux, émancipé, armé comme celui de nos jours? Non certes, et l'on oublie trop souvent cette différence. Un penseur profond a dit, dans son *Histoire de la Civilisation*, que le dépositaire de la Royauté, qu'on aurait pu appeler dans les siècles de la féodalité *le grand juge de paix du pays*, devint plus tard *la personnification de la souveraineté de droit* (1). Quel trajet immense! A ce compte, le roi du XVIIe siècle eut donc raison de dire : *l'État, c'est moi!* Lorsque Louis XIV prononçait ce mot présomptueux, il exprimait l'hyperbole du pouvoir absolu; il résumait une puissance accrue, enrichie des dépouilles de tous les pouvoirs que la Royauté avait envahis. 89 a repris une partie de cette souveraineté absorbée en un seul homme : gardez-la bien, représentants de la nation; car le pouvoir dont elle est détachée tend naturellement à s'étendre, comme

(1) Guizot, page 265.

le désert à envahir l'Égypte. Les siècles sont pour l'un et l'autre : la perpétuité de l'effort est le garant du succès s'il n'y a pas perpétuité de résistance.

Si le pouvoir royal est en bonnes mains aujourd'hui, y sera-t-il toujours? Les fondateurs de dynastie sont ordinairement de grands et sages rois : leurs successeurs ont rarement leur modération et leur génie. Ils n'imaginent pas tout ce qu'il en a coûté à leur père pour fonder leur destinée et leur amasser l'amour et la fidélité des peuples, ces premiers trésors des rois. Ne confiez donc à aucun, quelque sage qu'il soit ou qu'il vous paraisse, la masse entière de cette fortune. S'il allait en abuser, comment arrêter les perturbations de cette comète fourvoyée? Les Chambres sont là, direz-vous : nos institutions opposeraient une barrière à ses égarements. — Eh! Messieurs, ne serait-il pas trop singulier qu'il fallût donner des curateurs au tuteur d'un royaume? Et d'ailleurs, croyez-vous que toujours vos institutions seront également solides? Elles ont sans doute de puissantes garanties morales, mais ce n'est pas assez : songez au 18 brumaire... Ne vous confiez pas trop à ce nouvel édifice : il n'est pas encore éprouvé par le temps ni par les grandes crises des peuples. Il a suffi pendant douze ans de paix : il faut encore l'éprouver dans la guerre. En attendant, ne commettez pas ces institutions représentatives contre le plus actif des pouvoirs de l'État; évitons, tandis qu'il en est temps encore, les luttes dangereuses d'où pourrait sortir la guerre civile.

Je soutiens devant la Chambre, comme devant le 8ᵉ bureau, que le projet de loi est incomplet. Il est même loin, bien loin de contenir les prévisions indispensables qu'un si grand intérêt semblait appeler. Par exemple, pourquoi n'avoir pas fixé d'avance la dotation du Régent, soit par une attribution sur la liste civile, comme en Bavière, soit par une allocation spéciale sur le trésor public?

Pourquoi n'avoir pas institué le conseil de tutelle auprès de la mère du Roi? pourquoi n'avoir pas déterminé l'influence de ce conseil sur l'éducation du mineur? Cette éducation, dans un gouvernement constitutionnel, n'est-elle pas de la plus haute importance? Souffririez-vous qu'on élevât cet enfant dans des doctrines opposées à nos lois fondamentales, qu'on lui en inspirât la haine et le mépris, qu'on lui rappelât que la race dont il descend exerça le pouvoir absolu pendant huit siècles, et qu'il est de son droit et de sa gloire de le reprendre?

On n'a point voulu, dit-on, faire le *Code des Régences* (1). — Et pourquoi n'avez-vous point voulu faire une loi complète, une bonne loi, puisque vous êtes appelés pour cela? — Vous ne voulez, dites-vous, que régler le présent, et non point l'avenir. — Mais, même pour régler le présent, devons-nous le faire avec hâte et légèreté? Considérons qu'il s'agit, dans une première Régence qui peut se prolonger, du bonheur ou du malheur de la génération adolescente. Que diront nos enfants, que pensera de nous la patrie, si votre précipitation l'abandonne à des périls que nous pouvions prévenir? Non, Messieurs, vous ne ferez point une de ces lois trop concises pour être claires, un de ces oracles législatifs qui deviennent le texte des interprétations les plus fausses, des commentaires les plus dangereux, et que les audacieux, aidés par les sophistes, savent appliquer à tout.

Je demande que le Régent ne soit point investi du plein et entier exercice de la prérogative royale, qu'il y soit fait des exceptions pour conserver la dif-

(1) Expression de M. le rapporteur de la loi.

férence qui doit exister entre un roi et son intérimaire ; je demande qu'il soit pourvu par la loi à l'établissement du conseil de tutelle et à l'éducation du Roi mineur.

N'enlevons point à la nation quelques-unes des rares prérogatives qu'on lui a laissées, et qu'il faudrait lui rendre pour la satisfaire et pour consacrer à jamais l'hymen du pouvoir royal et de la liberté. C'est en retenant ces prérogatives, c'est en cherchant, comme aujourd'hui, à les restreindre encore, que l'on indispose les esprits, qu'on refroidit les cœurs, et qu'on détache un peuple et du trône et même des institutions qui, comme les deux Chambres, le jury, la garde nationale, lui promettaient la liberté, et ne lui tiennent point parole. Les peuples, et surtout celui de France, sont plus clairvoyants qu'on ne pense : ils voient bien ce qu'on leur ôte et ce qu'on leur refuse. Ils sont quelquefois assez silencieux pour paraître dupes ou indifférents ; mais, imprudents expérimentateurs, prenez garde à votre dernière expérience ! Ils n'attendent souvent que cet acte extrême de votre mépris pour vous écraser de leur colère. Hommes de 1830, n'oubliez donc pas votre origine !

J'insiste pour qu'on rentre dans les principes constitutionnels de cette dernière époque, et que l'on concilie les droits de la nation et ceux du trône en déclarant que, si les membres des chambres législatives sont les seuls électeurs de la Régence, les membres de la famille royale sont les seuls éligibles.

J'insiste également pour que l'on fasse une loi aussi complète qu'elle peut l'être, surtout pour assurer l'état, les honneurs, la sûreté de l'enfant royal et de sa mère, et pour garantir à la nation que son roi sera élevé dans les maximes politiques qu'elle professe.

www.ingramcontent.com/pod-product-compliance
Ingram Content Group UK Ltd.
Pitfield, Milton Keynes, MK11 3LW, UK
UKHW021942200726
13856UKWH00005B/1544